글 김지현 | 그림 윤정임

• 차례 •

생일 초대를 받았어! 6

내 디지털시계가 어디 갔지? 16

시계도 볼 줄도 모르면서 22

긴 바늘, 짧은 바늘? 30

쉬는 시간, 쉬는 시각? 38

아날로그시계가 뱅글뱅글 46

5시 반에 만나자 56

'반'도 몰라? 62

6시 10분 전? 68

이제 모두 이해했어! 76

생일 초대를 받았어!

준서는 학교에서 끝나자마자 헐레벌떡 집으로 돌아왔어요. 현관문을 벌컥 열고 운동화를 집어던지듯 벗어던지고는 집 안으로 급하게 뛰어 들어갔어요.

"학교 다녀왔습니다!"

준서의 우렁찬 목소리가 집 안 가득 울렸어요. 들뜬 준서의 목소리에 엄마가 물었어요.

"그래, 어서 오렴! 준서 오늘 학교에서 좋은 일 있었니?"

"히히, 아니요!"

준서는 방으로 쌩하니 들어가 책가방을 뒤지기 시작했어요.

"어디 갔지? 여기 넣어뒀는데…."

준서는 급한 마음에 책가방 속에 있던 책과 공책을 모두 꺼내 휙휙 집어던졌어요. 동생 준희가 준서가 눈치채지 못하게 발끝을 세우고 살금살금 방으로 들어왔어요.

"찾았다! 여기 있었네."

준서는 학교에서 다정이에게 받은 생일 초대 카드를 꺼내 들었어요.

준서는 카드 봉투를 열지 않고 내려다보며 히죽히죽 웃기 시작했지요.

"헤헤…. 헤헤…."

뒤에서 준희가 몰래 보고 있다는 것도 모르고 말이에요.

생일 초대 카드 봉투에는 '준서에게'라는 글씨가 또박또박 쓰여 있었어요.

준희의 울음소리를 듣고 저녁 식사 준비를 하던 엄마가 헐레벌떡 달려왔어요.

"너희 또 싸우니? 준희는 왜 울어?"

준희는 엄마의 말에 서러운 듯 더 크게 울며 말했어요.

"으앙, 형이 머리 쿵 때렸어!"

준서는 엄마에게 찢어진 카드를 보여 주며, 준희 때문에 찢어졌다고 씩씩대며 이야기했어요. 그러자 엄마가 찢어진 카드를 요리조리 살펴보았어요.

"이건 엄마가 잘 붙여 줄게. 그러니까 준희는 형 카드 찢어서 미안하다고 사과하고, 준서는 동생 때려서 미안하다고 사과해."

준희는 그제야 훌쩍거리며 울던 것을 멈추고 준서에게 사과했어요.

"형, 미안해."

준서는 마음이 썩 내키지는 않았지만 준희에게 사과하고 꼭 안아주었어요.

"나도 미안."

그러자 엄마는 환하게 웃고는 테이프를 가져와 찢어진 카드를 붙이기 시작했어요. 준희와 준서는 그런 엄마의 모습을 조용히 지켜보았어요.

엄마는 찢어진 카드들을 이리저리 맞혀 보더니 잠시 후, 마술사처럼 카드를 원래대로 돌려놓았지요. 테이프 조각들이 여러 군데 붙어 있었지만, 카드를 읽는 데는 문제 없었어요.

엄마가 준서에게 카드를 내밀며 말했어요.

"자, 됐지? 감쪽같지?"

"우와, 엄마 최고!"

준서는 다시 히죽히죽 웃으며 카드를 내려다보았어요.

엄마는 또 싸우지 말라며 신신당부를 하고는 다시 주방으로 나갔어요. 준서는 엄마가 다시 이어 붙여 준 카드를 조심스럽게 열어 보았지요.
 카드에는 이렇게 적혀 있었어요.

준서에게

준서야, 나 다정이야!
이번 주 토요일은 내 생일이야!
그날 2시에 우리 집에서 생일 파티를 할 건데
네가 꼭 와 줬으면 좋겠어! 와서 케이크도 먹고
같이 놀자! 그럼 이번 주 토요일 2시에 봐!

다정이가

준서는 저녁을 먹고 그 동안 다정이 생일에 무엇을 선물하면 좋을지 고민했어요. '내가 재미있게 읽었던 책을 선물할까? 아냐, 난 재미있게 읽었지만 다정이는 안 좋아할 수도 있으니까. 공책? 아냐, 아냐, 그것도 아냐…. 아! 맞다. 다정이가 예쁜 머리끈을 좋아한다고 했지?'

준서는 예전에 엄마가 알록달록 예쁜 천으로 머리끈을 만들었던 기억을 떠올렸어요.

"헤헤, 역시 난 천재야! 엄마한테 머리끈 만드는 거 알려달라고 해야지!"

곧바로 엄마에게 달려간 준서는 엄마에게 예쁜 머리끈 만드는 방법을 배웠

어요. 그리고 밤늦게까지 다정이에게 줄 선물을 만들고 예쁘게 포장까지 했어요. 또, 직접 만든 카드에 생일 축하한다는 편지까지 모두 쓰고 나서야 잠자리에 들 수 있었어요.

"내가 직접 만든 머리끈하고 생일 축하 카드를 받으면 다정이도 좋아할 거야, 헤헤!"

설레는 마음에 준서는 좀처럼 쉽게 잠이 오지 않았어요.

내 디지털시계가 어디 갔지?

　드디어 준서가 기다리고 기다리던 토요일이 되었어요. 아침 일찍부터 준서는 눈이 저절로 번쩍 떠졌어요.
　그런데 엄마, 아빠도 외출하려는지 분주하게 움직이고 있었어요.
　"어? 준서 오늘 일찍 일어났구나."
　"응! 근데 엄마, 오늘 어디 가?"
　"엄마가 어제 말 안 했나? 오늘 할머니 집에 간다고."
　준서는 깜짝 놀랐어요. 할머니 집에도 가고 싶지만, 오늘은 준서가 손꼽아 기다리던 다정이의 생일 파티가 있는 날이니까요.
　"엄마, 난 안 가면 안 돼? 난 오늘 친구 생일 파티 있단 말이야."
　준서가 시무룩한 표정으로 말했어요.
　"안 돼! 혼자 어떻게 있으려고?"
　엄마가 단호하게 말했어요.

나갈 준비를 마친 아빠가 시무룩한 표정으로 소파에 앉아 있는 준서에게 다가왔어요.

아빠가 엄마를 잘 설득해 주어서 준서는 겨우 허락을 받았어요. 그리고 할머니 집에 가는 엄마, 아빠, 준희에게 잘 다녀오라고 인사하기 위해 현관으로 달려 나갔지요. 그러자 준희가 준서를 보고 울 듯한 목소리로 말했어요.
"힝, 나도 형 따라가고 싶은데…."
그러자 엄마는 절대 안 된다고 말하며 준희에게 억지로 신발을 신겼어요. 준희는 자기도 케이크가 먹고 싶다며 발을 동동 굴렀지요. 그 모습이 준서는 정말 고소했어요.
"준희 넌 어려서 안 돼!"
준서가 엄마처럼 말하자, 준희는 씩씩대며 준서를 째려보고 말했어요.
"형도 어리잖아!"
그 모습을 보고 있던 아빠가 준희를 달래며 말했어요.
"케이크는 준희 생일에 사 줄게. 그러니까 오늘은 할머니 댁에 가서 재미있게 놀다 오자!"
준희는 그제야 할 수 없다는 듯이 엄마, 아빠를 따라나섰어요.
"안녕히 다녀오세요!"
준서는 가족들이 모두 나가자 신이 나서 방방 뛰었어요.
"빨리 준비하고 다정이네 가야지!"
준서는 다정이 생일에 멋지게 보이고 싶었어요. 그래서 깨끗이 씻고 아끼던 옷도 꺼내 입었지요.
천천히 준비를 마친 준서는 다정이에게 줄 선물과 생일 축하 카드를 챙겨 놓고 시계를 보았어요.

"2시라고 했는데, 지금 몇 시지? 늦으면 안 되는데!"
그런데 집에는 온통 바늘로 된 아날로그시계 뿐이었어요.
"아차차, 내 디지털시계가 있었지!"
준서는 아끼던 디지털시계를 찾았어요. 그런데 책상 서랍 깊숙한 곳에 놔두었던 디지털시계가 없었어요.
"어? 이상하다. 분명 내가 여기다 놨는데…."
깜짝 놀란 준서는 서랍을 뒤지기 시작했어요.
"시계에 다리가 달려서 도망간 것도 아니고…. 어디 간 거야?"

다른 서랍도 뒤져 보았지만, 어디에서도 시계를 찾을 수가 없었어요.
"이키! 큰일 났다! 난 바늘로 된 시계는 볼 줄 모르는데….”
준서는 2시에 다정이의 생일 파티가 시작된다는 걸 알았지만, 지금이 몇 시인 줄 모르니 제시간에 갈 수가 없었어요.
"어떡해! 진짜 큰일이잖아!"

시계도 볼 줄도 모르면서

준서는 디지털시계를 찾느라 시간이 가는 줄도 몰랐어요. 아날로그시계를 아무리 쳐다봐도 지금 몇 시인지 알 수 없으니 답답하기만 했지요.

"2시가 지난 것 같은데…. 에이, 모르겠다! 지금 출발해야지!"

발만 동동 구르다가 결국 지금 시간이 몇 시인 줄도 모르고 허겁지겁 다정이네 집으로 달려갔어요.

준서는 다정이네 집 앞에 도착해 벨을 눌렀어요. 심장이 쿵쾅쿵쾅 뛰고 왠지 불안했어요.

다정이는 함박웃음을 지으며 준서가 준 선물을 내려다보았어요.

다정이의 생일 파티가 끝나고 준서는 집으로 돌아왔어요. 다정이가 머리끈을 받고 기뻐하는 모습을 보고 매우 기분이 좋았지만 그래도 늦게 가서 생일 축하 노래를 함께 불러 주지 못한 건 속상했지요.

준서는 집에 도착하자마자 다시 디지털시계를 찾기 시작했어요.

"으으, 내 시계 대체 어디 간 거야!"

그때 마침, 할머니 집에 놀러 갔던 엄마, 아빠, 준희가 돌아왔어요. 디지털시계를 찾다 말고 나가서 인사를 하는데…. 아뿔싸! 준희의 손목에 준서가 온종일 찾던 그 디지털시계가 있었어요.

"그거 내 시계잖아!"

준서는 머리끝까지 화가 났어요.

준서는 당장 달려가 디지털시계가 채워진 준희의 팔목을 꽉 잡았어요.
"아야, 아파!"
준서는 씩씩대며 디지털시계를 빼앗으려다 잘 풀어 지지 않자 준희를 밀어 버렸어요.
"으앙~."
"이 울보! 네가 잘못해 놓고 왜 또 울어!"
준희가 울기 시작하자 엄마가 무슨 일이냐고 물었어요.
"준희가 내 시계를 훔쳐가서 약속 시간에 늦었잖아!"
준서는 소리를 빽 지르고 방으로 획 들어가 버렸어요.

방으로 들어와 의자에 앉은 준서는 화난 마음이 가라앉지 않았어요.

긴 바늘, 짧은 바늘?

"10이니까… 10시…."

일요일 아침, 준서는 옆에서 중얼거리는 준희의 목소리에 눈을 떴어요. 옆에서 준희가 엎드려서 준서의 디지털시계를 가지고 놀고 있었지요. 준서는 놀라 벌떡 일어나 디지털시계를 빼앗았어요.

"너 내 거 안 건드린다고 약속했잖아!"

"흥! 그냥 시간 맞히기 놀이하고 있던 건데!"

준서가 화를 낼 때마다 준희는 더욱 심통을 부렸어요.

"왜 만날 형은 나만 보면 화를 내!"

"네가 약속을 안 지켰잖아!"

"흥! 형이랑 안 놀아!"

준희는 입을 쭉 내밀고 투덜거리며 거실로 나가 버렸어요.

"어휴, 저 말썽꾸러기가!"

준서는 디지털시계가 부서지지는 않았는지 요리조리 살펴보았어요.

"엥? 벌써 10시 40분이야?"

준서는 놀라 자리에서 벌떡 일어나 화장실로 달려갔어요.

준서는 시간을 보고 허겁지겁 나갈 준비를 하기 시작했어요.

재석이는 웃으며 준서를 향해 달려왔어요.
"준서야! 일찍 와 있었네."
준서는 화가 나서 얼굴이 붉으락푸르락해졌어요.
"야, 이재석! 너 뭐야!"
"응? 왜 그래?"
재석이는 아무것도 모르겠다는 표정을 지었지요.
"내가 얼마나 기다렸는지 알아?"
준서가 버럭 화를 냈어요.

그러자 재석이가 당황하며 말했어요.

"어? 많이 기다렸다고? 우리 11시 약속 아니었어?"

"맞아! 근데 지금 12시잖아!"

재석이가 자신의 시계를 내려다보며 고개를 갸웃거렸어요.

"아닌데… 지금 11신데."

"무슨 소리 하는 거야!"

"맞는데! 이거 봐."

재석이가 준서에게 자신의 손목시계를 보여 주었어요. 그런데 재석이의 손목시계는 바늘로 된 아날로그시계라 준서는 어떻게 봐야 하는지 알 수 없어 당황스러웠어요.

준서는 재석이의 시계를 한참 내려다보았지만, 숫자와 바늘들만 보일 뿐 뭐가 뭔지 알 수 없었어요.

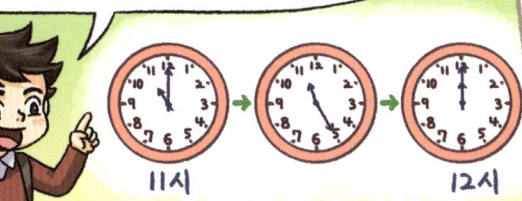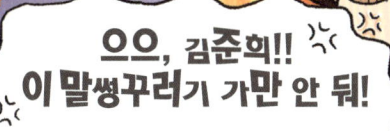

쉬는 시간, 쉬는 시각?

"어? 벌써 8시네?"

준서는 학교 갈 준비를 마치고 거실에 걸린 아날로그시계를 보며 말했어요. 그러자 옆에서 양말을 신고 있던 준희가 눈을 동그랗게 뜨고 물었어요.

"어? 형! 저 시계 읽을 줄 아는 거야?"

준서는 괜히 어깨가 으쓱해졌어요.

"당연하지! 내가 너 때문에 어제 한 시간이나 재석이 기다린 다음에 얻어낸 거라고!"

준희는 무슨 말인지 모르겠다는 듯한 표정으로 준서를 보며 다시 물었어요.

"그게 무슨 말이야? 뭘 얻어내?"
"넌 몰라도 돼! 난 학교나 가야겠다, 히히."
"형, 나도 저 시계 읽는 거 알려 줘!"
준서는 준희에게 "메롱!" 하고는 서둘러 현관을 나섰어요.

학교로 가는 내내 준서는 준희를 골려 준 것 같아 기분이 좋았어요.

준서와 재석이는 날쌔게 달려가서 겨우 지각을 면했어요. 다행히 선생님이 오기 전이었지요.

준서는 기분이 좋지 않았어요. 수업 시간에도 선생님 말씀에 집중할 수가 없었지요. 다정이에게 시간과 시각의 뜻을 모른다는 걸 들킨 것 같아 창피했기 때문이에요.

쉬는 시간, 다정이와 재석이가 시무룩하게 앉아 있는 준서에게 다가왔어요. 재석이가 물었어요.

"준서야, 독후감 쓸 책은 읽었어?"

"아, 그거…. 난 아직 책을 못 골랐어."

옆에 있던 다정이가 재석이에게 말했어요.

"재석아, 독후감 어떻게 쓰는지 알려 줘! 아빠한테 물어보고 싶은데, 아빠가 지금 외국 출장 중이라 시차가 안 맞아서 못 물어봤어."

"아, 그렇구나!"

다정이의 말을 들은 재석이는 자신은 어떤 내용으로 독후감을 썼는지 이야기하기 시작했어요.

하지만 준서는 재석이의 말을 집중해서 들을 수가 없었어요.

'시차? 시차가 뭐지? 자동차? 마시는 차? 뭐야, 대체!'

재석이의 설명을 다 들은 다정이는 잊어버리기 전에 적어 놔야겠다며 자기 자리로 돌아갔어요. 재석이도 자리로 돌아가려 할 때 준서가 재석이를 붙잡았어요.

"저기, 재석아…."

"어, 왜?"

준서가 망설이며 제대로 말을 잇지 못하자 재석이가 친절하게 뭐든 물어보라고 했지요. 재석이의 말에 준서가 용기를 내 물었어요.

"시차가 무슨 뜻이야?"

"아, 그거! 그건 시간이나 시각의 차이가 있다는 말이야."

"엥? 그게 무슨 소리야?"

"우리나라랑 다른 나라랑은 시각이 다르거든! 그래서 시간 차이가 생겨. 우리나라랑 가까운 중국 베이징은 우리나라보다 1시간이 느리고, 우리나라와 멀리 떨어진 미국 뉴욕은 우리나라보다 14시간이 느리대. 예전에 엄마가 가르쳐 주셨어!"

'나라마다 시간이 다르다니!'

준서는 재석이의 이야기가 정말 신기했어요. 그리고 시간에 대해 더 공부해 봐야겠다고 마음먹었지요!

아날로그시계가 뱅글뱅글

어느덧 수업이 끝나고 선생님의 종례 시간이 되었어요. 준서는 오늘 다정이와 재석이에게 들은 '시간', '시각', '시차'의 뜻을 외우는 데 정신이 팔려 있었어요.

"자, 내일 현장학습 체험이 있는 날이죠?"

"네!"

아이들의 우렁찬 대답 소리에 준서가 화들짝 놀라며 선생님 말씀에 다시 집중했어요.

"어디로 간다고 했죠?"

"민속촌이요!"

아이들은 밝게 웃으며 대답했어요.

선생님이 교실을 나가자 교실은 순식간에 시끌시끌해졌어요. 아이들은 저마다 옹기종기 모여 내일 있을 현장학습 이야기를 하느라 정신이 없었지요. 모두 내일 민속촌으로 첫 현장학습을 떠난다는 생각에 들떠 있었어요.

그런데 그사이 준서는 걱정 가득한 얼굴로 멍하니 아날로그시계를 올려다보았지요.

그때, 재석이가 같이 집에 가자고 준서를 불렀어요.

'안 그래도 아까 시간이랑 시각이랑 헷갈려서 창피했는데…. 저 시계 읽는 방법을 어떻게 가르쳐 달라고 하지?'

준서는 망설이며 재석이에게 물어볼까 말까 고민했어요. 그때, 다정이가 다른 친구들과 함께 교실을 나서는 모습이 보였어요.

'앗! 다정이가 나가잖아. 다정이 갔으니까 얼른 물어봐야지!'

준서는 용기를 내 재석이에게 물었어요.

"저기, 재석아! 전에 네가 긴 바늘은 분을 가리킨다고 했잖아."

"응, 맞아! 긴 바늘이 분침이니까!"

재석이의 말에 준서는 다시 아날로그시계를 올려다보며 고개를 갸우뚱갸우뚱 했어요.

'이상한데….'

아날로그시계에는 1부터 12까지만 있는데, 어떻게 1분부터 59분까지 있을 수 있는지 준서는 알쏭달쏭했지요.

5시 반에 만나자!

　준서는 신 나게 집으로 돌아왔어요. 준희에게 아날로그시계를 읽을 줄 안다고 잘난 척할 생각을 하니 벌써 몸이 간질간질하고 기분이 좋았지요.
　집으로 달려오자마자 평소에는 쳐다보지도 않았던 시계 장난감을 가지고 시간 맞히기 놀이를 했어요.
　"이건 짧은 바늘이 4하고 5 사이에 있고, 긴 바늘이 7을 가리키고 있으니까. 4시 35분이지!"
　그러자 준희가 은근슬쩍 다가와 물었어요.
　"형, 뭐 하는 거야?"
　"시간 맞히기 놀이하고 있었지!"
　"어? 그럼 나도 가르쳐 줘."
　"넌 안 돼! 넌 아직 어려서 몰라!"
　준희는 준서를 졸라댔지만 준서는 가르쳐 주지 않았어요. 준서는 준희를 골려 주는 게 재미있었어요.

엄마는 후다닥 준비를 마치고 거실로 나왔어요.

"어머, 벌써 5시 10분이네. 5시 반까지 만나려면 서둘러서 가야겠다. 얘들아, 오늘 아빠 일찍 퇴근하시는 날이니까 금방 오실 거야. 아빠랑 밥 먹고, 숙제하고 있으렴!"

평소에 준희라면 따라간다고 보챘겠지만, 오늘은 이상하게 조용했어요.

"네, 다녀오세요!"

"우리 준희, 착하네. 형이랑 싸우지 말고! 엄마 8시 반까지 올게."

그러고는 엄마는 서둘러 현관문을 나섰어요.

준서의 머릿속이 또 복잡해지기 시작했어요.

'뭐지? 5시 반? 8시 반? 아까 재석이가 그런 건 안 가르쳐 줬는데…. 시간을 어떻게 반으로 나눠? 이상하다.'

그때 준희가 얄미운 표정으로 물었어요.

"형! 5시 반이 뭐야?"

"반이라는 건… 그건….''

준서는 준희의 질문에 우물쭈물하며 제대로 대답을 하지 못했어요.

'반'도 몰라?

엄마가 나가고 준희는 의심스러워하며 준서에게 물었어요.
"형도 모르지? 반이 언제인지 몰라서 대답 못 하는 거지?"
준서는 내심 당황했지만 준희에게 모른다는 걸 들키고 싶지 않았어요.
"아니거든? 넌 어차피 설명해 줘도 모르니까 안 알려주는 거야!"
준희는 입을 쑥 내밀고 말했어요.
"나도 유치원에서 숫자 다 배웠거든!"
"그럼 지금 몇 시인지 맞혀 봐! 모르지, 모르지?"
준서는 또 다시 준희를 놀리며 슬슬 약을 올렸어요.

깐족 깐족

준희는 차근차근 아빠에게 방금 있었던 일을 이야기했어요. 그러자 아빠가 하하 웃으며 말했어요.

아빠는 엄마가 올 때까지 준서와 준희에게 시계 보는 방법에 대해, 또 시간에 대해 다시 한 번 자세히 알려주었어요.

"1분은 60초, 한 시간은 60분, 오전과 오후는 12시간씩이야. 이렇게 오전과 오후가 모여서 하루는 24시간이 된단다. 또 이렇게 7일이 모이면 일주일이 되고, 30, 31일이 모이면 한 달이 되지!"

"헤헤, 이제 시간에 대해서 다 알았어!"

준서는 어깨가 으쓱해졌어요. 준희도 내일 유치원 가서 친구들에게 자랑한다며 잔뜩 들떴어요.

"한 달이 12개 모이면 1년 맞지?"

"옳지, 옳지! 우리 준서, 준희 똑똑하구나!"

시계는 8시 30분을 지나고 있었어요.

"8시 반이 지났는데, 왜 엄마가 안 오시지?"

준서의 말에 아빠가 흐뭇하게 웃었지요.

그때, 현관문이 열리며 엄마가 돌아왔어요. 준서와 준희는 누가 먼저랄 거 없이 달려가 엄마에게 안겼어요.

"엄마!"

"우리 준서, 준희! 엄마 많이 기다렸니?"

엄마는 달려온 준서와 준희의 볼에 쪽쪽 뽀뽀해 주고는 이렇게 말했어요.

"엄마가 오늘 선물을 사 왔는데!"

"뭔데, 뭔데?"

"나 먼저!"

준서와 준희는 서로 달라고 아우성이었어요. 엄마는 종이 가방에서 예쁜 아날로그시계 두 개를 꺼내 준서와 준희에게 채워 주었어요.

"우와! 시계다!"

준희는 처음 생긴 시계를 차고 방방 뛰었어요.

"아까 전화로 아빠한테 이야기 다 들었어! 준서, 준희, 이제 시계로 싸우지 말고 사이좋게 지내야 해!"

"네!"

준서와 준희는 우렁차게 대답했어요.

6시 10분 전?

다음 날, 준서는 새 시계를 차고 들뜬 마음으로 현장학습을 떠났어요. 민속촌에서 준서는 초가집, 기와집 등을 보며 옛날에도 시계가 있었을까 문득 궁금해졌어요. 준서는 궁금함을 참지 못하고 번쩍 손을 들고는 선생님에게 큰 소리로 이렇게 물었어요.

"선생님! 옛날에도 시계가 있었나요?"

"준서가 아주 좋은 질문을 했네요. 옛날에는 우리가 지금 보는 모양의 시계는 없었어요."

선생님의 대답에 준서는 머리를 갸웃하며 다시 물었어요.

"선생님! 그럼 옛날 사람들은 어떻게 시간을 알았나요?"

그러자 선생님이 웃으며 다시 한 번 친절하게 대답해 주었어요.

"조선시대에는 자격루라는 물시계가 있었어요. 조선시대 발명가인 장영실이 만든 것인데, 이것을 이용해 백성들에게 시간을 알려 주었지요."

"아, 그렇구나!"

준서는 고개를 끄덕였어요.

"자, 그럼 지금부터 점심을 먹을 건데, 모두 친구들이랑 점심 맛있게 먹고 1시 반까지 이 자리에서 다시 모이도록 하세요!"

민속촌에서 돌아오는 버스 안에서도 준서는 엄마가 사 준 아날로그 손목시계에서 눈을 떼지 못했어요. 다정이에게 똑똑한 아이처럼 보인 것 같아서 뿌듯했지요!

곧 버스가 학교 운동장에 도착했어요.

집으로 돌아온 준서는 옆에서 준희가 장난을 걸어도 맞장구칠 힘이 나지 않았어요. 머릿속에 온통 '10분 전'이란 단어로 엉망진창이었거든요. 때마침 엄마랑 아빠도 모임이 있어서 늦게 온다고 해서 물어볼 수도 없었어요.

옆에서 장난을 걸던 준희도 아무 반응이 없는 준서가 이상했는지 눈치를 보며 방으로 들어가 버렸어요.

'도대체 10분 전이 언제야?'

그때, 전화벨이 울렸어요. 방에 들어갔던 준희가 쌩 달려와 전화를 받았어요.

"으악! 난 망했어!"

6시 10분 전이 언제인지 한참 생각하던 준서는 결국 다정이와 약속한 시각에 나갈 수 없었어요.

"6시 10분인가, 아닌가?"

6시가 지나고, 10분, 20분, 시간은 계속 흘렀지요.

6시 30분이 지났을 때, 전화벨이 울렸어요. 초조해 하던 준서가 달려가 전화를 받았어요. 수화기 너머 잔뜩 화가 난 다정이의 목소리가 들렸어요.

"너 왜 안 나오니? 한참 기다리다가 안 와서 그냥 집으로 와 버렸잖아! 빌려주기 싫으면 빌려주기 싫다고 말을 하지. 왜 사람을 기다리게 만들어, 흥!"

"아니, 다정아! 그게 아니고!"

준서가 변명할 새도 없이 다정이의 전화가 끊어져 버렸어요.

준서가 발을 동동 구르고 있을 때, 엄마, 아빠가 집으로 돌아왔어요.

엄마가 깜짝 놀라 준서에게 물었어요.

"준서야, 왜 그래?"

"엄마, 대체 6시 10분 전이 몇 시야?"

엄마와 아빠는 준서의 이야기를 듣고 하하 호호 웃었어요. 그리고 나서 엄마가 말했어요.

"긴 바늘이 12를 가리키면 60분이라고 읽지 않고 정각이라고 하지? 6시 10분 전이란 말은 바로 '6시 정각이 되기 10분 전'이란 뜻이란다. 6시 정각에서 분침인 긴 바늘을 10분 전으로 옮기면 그 시간이 바로 6시 10분 전이 되지!"

준서는 진지한 표정으로 고개를 끄덕였어요.

"그럼 6시 10분 전은 몇 시일까?"

어느새 준희도 조용히 다가와 엄마의 이야기를 집중해 들었어요.

"정각이 60분이니까… 60분에서 10분을 빼면…. 아! 5시 50분을 말하는 거구나!"

"그렇지!"

"그러면 6시 5분 전은 5시 55분이네!"

"우리 준서, 하나를 가르쳐 주면 열을 아는구나!"

준서는 하늘을 나는 것처럼 기분이 좋아졌어요.

이제 모두 이해했어!

　다음 날, 준서는 아침을 먹으며 화가 잔뜩 난 다정이의 화를 어떻게 풀어 주어야 할지 고민에 빠졌어요. 아빠가 힘없이 아침밥을 먹는 준서를 보고는 물었어요.

　"준서야, 아직도 무슨 고민이 있니?"

　우물쭈물하던 준서가 힘들게 입을 열었어요.

　"그게…. 사실은 내가 어제 10분 전이라는 말을 몰라서 다정이하고 약속을 못 지켰거든. 그래서 다정이가 엄청 화가 났어."

　그러자 옆에 있던 준희가 말했어요.

　"그럼 미안하다고 사과를 해야지!"

준희의 말을 듣고 아빠가 웃으며 말했어요.
"그래, 준서야. 준희 말이 맞아. 그럴 땐 솔직하게 말하고 미안하다고 사과를 하는 게 제일 좋지. 그럼 다정이도 이해할 거야."
"그런가…."
준서는 아빠의 말에도 고민이 해결되지 않는지, 아침밥을 먹는 둥 마는 둥 하고 학교로 향했어요.

학교에 간 준서는 다정이에게 다가설 용기가 나지 않았어요.

'어떡하지? 다정이가 단단히 화가 났을 텐데….'

한참 동안 고민 고민하던 준서는 이럴 땐 솔직하게 말하고 사과하는 게 좋다는 아빠의 말을 떠올리고 용기를 내기로 마음먹었어요.

'그래! 이렇게 가만있으면 아무것도 해결이 안 되지! 아빠 말대로 일단 해 보는 거야!'

준서는 발이 잘 떨어지지 않았지만, 국어 문제집을 들고 다정이에게 조심스럽게 다가가 다정이를 불렀어요.

"저기, 다정아…."

준서는 학교 수업이 끝나고 재석이, 다정이와 함께 집으로 향했어요. 오늘따라 집으로 돌아가는 준서의 발걸음이 한결 가벼웠어요.

준서는 다정이와 말이 통하는 것 같아 기분이 정말 좋았어요. 재석이도 다정이도 모두 즐거워 보였지요.

그때였어요.

"꼬르르르륵~!"

준서의 배가 배고프다며 꼬르륵꼬르륵 울고 있었어요.

"엇! 준서가 시계를 정확하게 보더니 배꼽시계까지 정확해졌네! 우리 그럼 떡볶이 먹고 갈까?"

"좋아!"

준서와 재석이가 동시에 대답했어요. 세 친구는 나란히 손을 잡고 떡볶이집으로 향했어요.

초판 3쇄 2018년 8월 10일
초판 1쇄 2015년 5월 30일

글 김지현 | 그림 윤정임

펴낸이 정태선
펴낸곳 파란정원(자매사 책먹는아이) | **출판등록** 제395-2010-000070호
주소 서울시 서대문구 모래내로 464 2층(홍제동) | **전화** 02-6925-1628 | **팩스** 02-723-1629
제조국 대한민국 | **사용연령** 8세 이상 어린이
홈페이지 www.bluegarden.kr | **전자우편** eatingbooks@naver.com
종이 세종페이퍼 | **인쇄** 조일문화인쇄사 | **제본** 선명

ISBN 978-89-94813-78-3 73410

이 도서의 국립중앙도서관 출판예정도서목록(CIP)은 서지정보유통지원시스템 홈페이지
(http://seoji.nl.go.kr)와 국가자료공동목록시스템(http://www.nl.go.kr/kolisnet)에서
이용하실 수 있습니다.(CIP제어번호: CIP2015013985)

이 책은 저작권법에 따라 보호받는 저작물이므로 무단 전재와 무단 복제를 금지하며,
이 책 내용의 전부 또는 일부를 이용하려면 반드시 저작권자와 파란정원(자매사 책먹는아이)의 동의를 얻어야 합니다.
*잘못된 책은 구입하신 서점에서 바꿔 드립니다.